ABC:
PETITS CONTES

This edition published by Lector House in 2024

ISBN: 978-93-5800-984-2

Lector House LLP
Registered Office: H. No. 96, Block C, Tomar Colony,
Burari, Delhi – 110084, India
info@lectorhouse.com
www.lectorhouse.com

ABC:
PETITS CONTES

JULES LEMAÎTRE

2024

LECTOR HOUSE

LECTOR HOUSE LLP

A B C

Petits Contes

PAR

JULES LEMAÎTRE

DE L'ACADÉMIE FRANÇAISE

AVEC DES IMAGES
DE
JOB

ABCDEFGHIJKLM
NOPQRSTUVXYZ

A B C

Par JULES LEMAITRE

DE L'ACADÉMIE FRANÇAISE

Avec des images de JOB

TOURS
MAISON ALFRED MAME ET FILS

Préface

Jules Lemaître a beaucoup aimé les enfants. Il eut lui-même, lorsqu'il fut professeur à Grenoble, une petite fille, Madeleine, qui mourut au bout d'un mois et dont il ne se consola jamais.

Plus tard il devint un parrain multiple et délicieux. Tout le monde connaît les contes charmants écrits pour ses filleules et ses filleuls, comme les *Idées de Liette*, *les Amoureux de la Princesse Lilli*, *Boum*, cette étrange petite fille de Bagdad, et celui en marge des Contes de Perrault, le *Lapin blanc et les Trèfles à quatre feuilles*.

A Paris, dans son grand atelier de la rue d'Artois, tapissé de l'or pâli des précieuses reliures, Jules Lemaître se plaisait à recevoir des enfants, les comblait de gâteaux et de sucreries et ouvrait pour eux un bahut mystérieux de sa bibliothèque, qui répandait alors sur le tapis les jouets les plus inattendus, collectionnés avec presque autant d'amour que les livres.

C'est ainsi qu'il fut amené à écrire un *Alphabet*. Il le commença l'été de 1913, à Royan, où il fit un assez long séjour. Il en chercha les sujets en se promenant à petits pas,—il était déjà très essoufflé,—entre les pins et la mer, et le soir il racontait ses contes, pour les «essayer», à mes neveux africains, riant avec eux, ou disant, déçu quand ils restaient indifférents: «C'est ironique et trop bref! Comme les peuples primitifs, les enfants détestent l'esprit et adorent les détails; amplifions avec simplicité!»

Et le lendemain, il recommençait son conte.

Une de ses dernières joies, en mai 1914, alors que le médecin lui avait défendu tout travail inventif, fut de recopier lui-même, d'une écriture de plus en plus menue et immatérielle, les contes enfantins.

Il en reçut les épreuves à Tavers, fin juillet.

Déjà la cécité verbale l'avait accablé. Il regarda, mélancolique, les images, puis dit avec un navrant sourire: «Je vais réapprendre à lire dans mon propre alphabet!»

Quelques jours plus tard la guerre survint, et Jules Lemaître eut une crise cardiaque qui devait l'emporter. Cependant il songea à me recommander la correction des épreuves, et, par un scrupule excessif, me chargea d'indiquer que tous les contes n'étaient pas entièrement de son imagination, mais qu'il s'était inspiré parfois d'Andersen, de Florian et même, comme pour le *Bélier*, du chanoine Schmid.

La guerre suspendit la publication de l'*Alphabet*. Aujourd'hui, seulement, la maison Mame offre aux enfants, illustré par Job, ce dernier livre de leur grand ami, qui a su conserver jusqu'à la fin son âme tendre et puérile.

Myriam Harry.

Neuilly, le 8 mai 1919.

A B C
D E F
G H I J
K L M

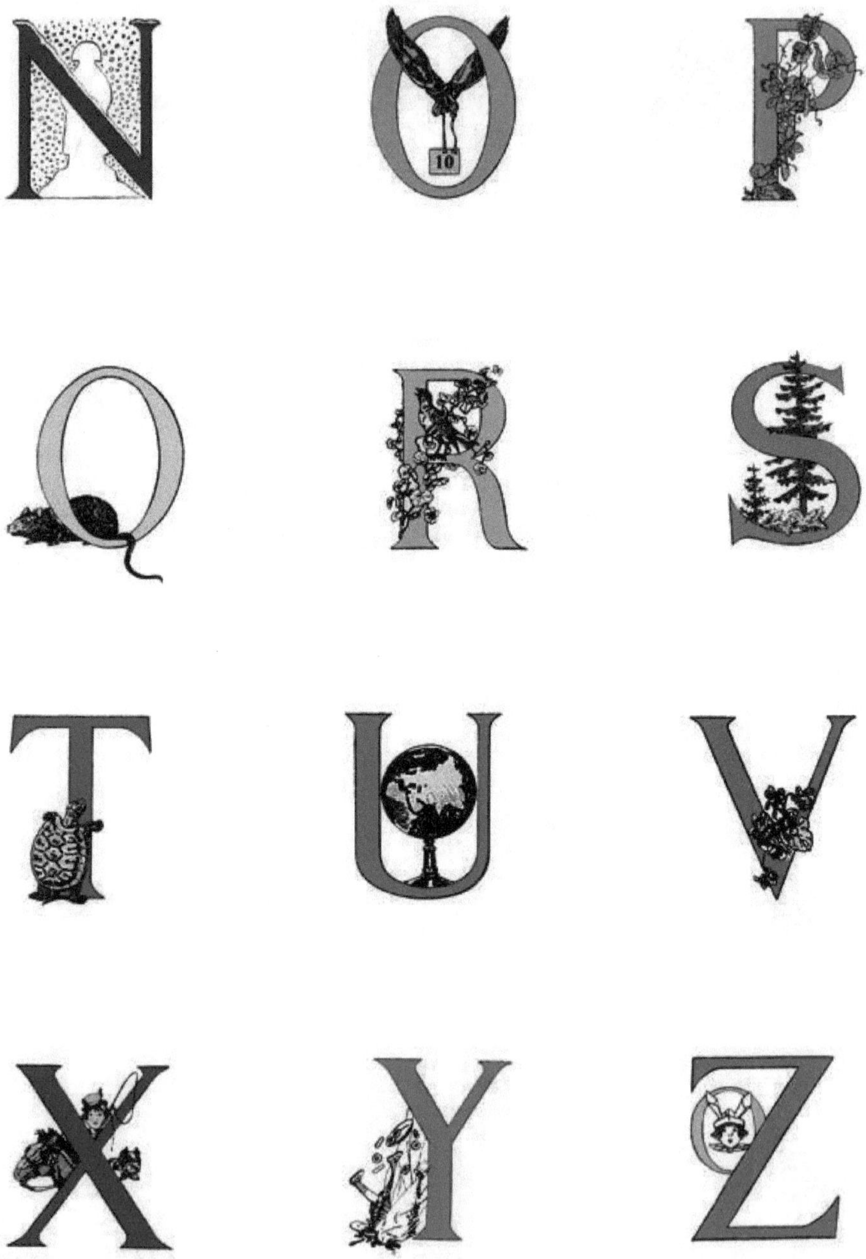
N O P
10
Q R S
T U V
X Y Z

Contents

ANE

Il y avait, dans un village, une pauvre vieille femme qui n'avait pour toute compagnie qu'un petit âne. Elle l'aimait beaucoup, car il était intelligent et bon, et il paraissait content de porter sur son dos les légumes du jardin au marché de la ville.

Mais de méchants garçons se moquaient de la vieille femme et de son petit âne quand ils la rencontraient.

Un jour, ils crièrent à la vieille femme:

«Bonjour, la mère âne!

—Bonjour, mes fils!» leur répondit-elle.

L'âne eut l'air de se moquer d'eux à son tour en remuant ses oreilles, et les méchants garçons ne trouvèrent plus rien à dire.

BÉLIER

Berthe était une petite fille très étourdie qui laissait toujours les portes ouvertes.

Sa mère, qui était une fermière, la grondait souvent: car, pendant l'absence de Berthe, les chiens, les poules et même les petits cochons salissaient tout.

Mais Berthe ne se corrigeait pas de son étourderie. Un jour que sa mère était au marché, Berthe alla jouer dans le jardin en oubliant, selon son habitude, de fermer la porte.

Le bélier de la ferme s'échappa de la bergerie et entra tranquillement dans la maison.

Comme il ne trouva personne en bas, il monta par l'escalier au premier étage, où il y avait la belle chambre des parents de Berthe, avec une armoire à glace.

Quand le bélier vit son image dans cette glace, il crut que c'était un autre bélier, et il le menaça de ses cornes; mais l'autre fit le même mouvement.

Furieux, il se dressa sur ses pattes; mais l'autre se dressa aussi.

Alors le bélier se jeta de toutes ses forces contre la glace et il la brisa en mille morceaux.

Puis il descendit l'escalier et quitta la maison, très fier d'avoir mis l'autre bélier en fuite.

Le soir, Berthe fut sévèrement punie par sa mère, et je vous jure qu'elle ne laisse plus les portes ouvertes.

CANARD

Une cane couvait une douzaine d'œufs qu'on avait mis sous elle. Onze de ces œufs ressemblaient à tous les œufs de cane, mais le douzième était plus gros et d'une espèce différente. La canne était très fière de cet œuf; elle le montrait à toutes les voisines qui venaient la voir et elle disait:

«Voyez comme il est gros! Je suis sûre qu'il en sortira un superbe caneton.»

Au bout de quelque temps, la mère cane entendit, dans l'intérieur des onze œufs ordinaires, de petits coups de bec, puis des pépiements; puis elle vit sortir des coquilles onze petits canards charmants, habillés de duvet jaune. Mais le douzième œuf tardait à éclore. Et, bien que cela inquiétât un peu la mère, elle se disait: «L'enfant n'en sera que plus beau.» Et patiemment elle se remit à couver.

Mais, quand enfin l'œuf éclata, la pauvre mère fut épouvantée. Ce n'était pas du tout un superbe caneton, mais un vilain petit animal, avec un cou trop long, un corps trop gros, et qui marchait les pattes en dedans, sans aucune élégance. Les onze frères et sœurs se moquaient de lui, et la mère elle-même, quand elle conduisait ses enfants à la mare, avait honte de lui parce que tout le monde disait sur son passage:

«Oh! voyez donc ce vilain petit canard!»

Personne ne voulait jouer avec lui, et le pauvre petit fut bien malheureux. Il tendait son cou trop long vers le ciel comme pour dire: «Ah! pourquoi suis-je né?» ou bien, le rabattant tristement le long de son corps, il restait à rêver dans un coin.

Un jour que les autres l'avaient houspillé plus que de coutume, il prit le parti de quitter sa famille. Il marcha longtemps devant lui et arriva près d'un lac où nageaient des cygnes.

«Ah! dit le vilain petit canard, que ces oiseaux sont beaux! Pour sûr ils me chasseront, car je suis trop laid.»

Et il se disposait à se retirer, lorsqu'une grand'mère cygne, qui se reposait sur la rive, l'interpella:

«Hep! mon enfant, d'où viens-tu et comment t'appelles-tu?

—Je viens de la basse-cour, madame, et je m'appelle canard. Je suis parti parce que mes camarades me trouvent trop laid et ne veulent pas jouer avec moi.

—Pauvre petit! dit la mère-grand. Le fait est que tu n'es pas bien joli, mais cela vient de ce que tu es fatigué et triste. Attends un peu que je t'examine. Tu me rappelles un petit-fils que j'ai perdu... Oui, il n'y a aucun doute là-dessus, tu n'es pas du tout un petit canard, tu es bien un cygne. C'est la fermière qui a dû glisser un de nos œufs parmi les œufs de cane; et celle que tu as prise pour ta mère n'était que ta couveuse. Pauvre petit orphelin, viens sur mon cœur!»

Puis la grand'mère appela tous les autres cygnes, et elle leur raconta l'histoire du vilain petit canard.

«Il n'est pas si vilain que ça,» dirent les cygnes.

Et un monsieur cygne, avec un magnifique plastron blanc et de beaux pieds vernis, déclara:

«Qu'il reste parmi nous, et dans trois mois je lui donne ma fille en mariage.»

DEMOISELLE

Savez-vous ce que c'est qu'une demoiselle?

Une demoiselle est une longue et jolie mouche qui habite près des ruisseaux et des étangs sur une feuille de nénuphar.

On l'appelle demoiselle parce qu'elle a la taille fine, un corselet de satin vert, des ailes aussi délicates que la mousseline de vos robes, et parce qu'elle se pose souvent au bord de sa feuille pour se regarder dans l'eau, comme les vraies demoiselles se regardent dans leur miroir.

ESCARGOT

I

Il y avait une fois un monsieur et une madame Escargot qui vivaient sur un chou.

Ils étaient gros, gras et luisants, et ils auraient pu être heureux. Mais ils n'avaient pas d'enfant, et cela leur manquait beaucoup.

Un jour, vint à passer près de leur chou un pauvre petit escargot maigre qui leur demanda l'aumône.

Ils le questionnèrent et ils apprirent qu'il était orphelin.

Aussitôt Mme Escargot, tout attendrie, dit à son mari:

«Si nous l'adoptions?

—J'allais te le proposer,» répondit M. Escargot.

Et il sortit presque entièrement de sa maison pour embrasser son nouveau fils.

En peu de temps, le petit escargot devint gros, gras et luisant.

Alors la mère Escargot dit au père Escargot:

«Mon ami, il faut marier notre fils. Il faut lui chercher une jolie fille de notre monde, afin que nous ayons de beaux petits-enfants.

—J'allais te le proposer, répondit le mari. Mais à qui nous adresser pour cela?

—De mon balcon vert, dit Mme Escargot, je vois le peuple des fourmis...

FOURMI

II

«Le peuple des fourmis, dit Mme Escargot, est un peuple actif qui va et vient sans cesse sur les routes de France et qui doit connaître beaucoup de gens et être au courant de beaucoup de choses. Nous allons demander aux fourmis si elles ne connaîtraient pas une jeune fille digne d'épouser notre escargoton.

—J'allais te le proposer,» dit le père Escargot.

Et il descendit de son balcon avec sa femme pour interroger les fourmis.

Les fourmis répondirent:

«Justement, nous avons ce qu'il vous faut. A quelques mètres d'ici, dans le trou d'un vieux mur, vit une demoiselle Escargot de la plus jolie coquille, dont on a dernièrement fait cuire les parents. La pauvrette est toute seule au monde.

—Elle ne restera pas seule longtemps, s'écrièrent ensemble M. et Mme Escargot. Allez, je vous prie, la demander en mariage pour monsieur notre fils.»

Les fourmis se mirent en route et arrivèrent près du vieux mur où l'orpheline pleurait ses parents qu'on avait fait cuire.

Elle fut si heureuse de la proposition, qu'elle accorda tout de suite sa main, même sans le connaître, au fils adoptif des vieux escargots, et qu'elle se mit en marche, en bavant de joie tout le long du chemin.

Mais elle n'avançait pas vite. Alors les fourmis fabriquèrent avec des brins d'herbe une chaise à porteur qu'elles chargèrent sur leurs épaules. Et c'est ainsi que la pauvre orpheline arriva, après plusieurs jours, au chou de ses beaux-parents et dans les bras de son fiancé.

GATEAU

On avait donné à deux enfants un gros gâteau et un petit, en leur disant:

«Partagez!»

Les deux enfants étaient une petite fille de six ans et un petit garçon de quatre ans.

«Tiens! dit la petite fille, prends ce joli petit gâteau. Moi, je mangerai ce vilain gros.

—J'aime mieux le vilain gros, dit le petit garçon.

—Mais puisqu'il est vilain!

—Oui, mais il est gros!»

HIRONDELLE

Tout le monde sait que les hirondelles s'en vont l'hiver dans les pays chauds et ne reviennent qu'au printemps.

Pour faire ce long voyage, les mères hirondelles rassemblent leurs petits autour d'elles. Mais une pauvre petite hirondelle, qui était tombée du nid un jour de grand vent, boitait encore un peu et ne put pas s'envoler avec ses frères et sœurs.

Elle resta tristement au bord du toit, d'où elle vit s'éloigner sa famille, et elle serait certainement morte de faim, de froid et de chagrin, si les enfants de la maison ne l'avaient recueillie.

Ils la mirent dans une cage, à côté du poêle; ils la nourrirent de mouches et de vers, si bien que l'hirondelle était en très bonne santé et ne boitait plus du tout au retour du printemps.

Et quand les parents de l'hirondelle revinrent des pays chauds, les enfants ouvrirent la cage. La petite hirondelle reconnut sa mère et, avec des cris de joie, elle se jeta dans ses ailes.

IBIS

Dans la basse-cour d'un château se trouva, parmi toutes sortes de volailles, un ibis rose.

Il avait été rapporté d'Égypte par le fils de la maison, qui était grand voyageur.

Au commencement, on eut beaucoup d'égards pour ce noble étranger. Aussitôt que l'ibis déployait ses ailes, les pigeons roucoulaient:

«Oh! que c'est beau! On dirait des pêchers en fleur!»

Les poules admiraient la courbe élégante de son bec. Les canards, qui sont si bas sur pattes, regardaient avec envie les longues jambes de l'ibis, qui semblaient peintes au ripolin rose.

Flatté, l'ibis marchait de long en large. Il leur parlait de sa patrie l'Égypte, du Nil, des autruches, des pyramides et des minarets du Caire.

D'abord on l'avait écouté avec respect; mais peu à peu on trouva qu'il racontait toujours la même chose.

Le dindon disait avec colère:

«Quel rabâcheur!»

La pintade se moquait de son nez d'ivrogne, et un caneton poussa l'impertinence jusqu'à lui demander combien les baguettes qui lui servaient de jambes lui avaient coûté le centimètre.

Alors le pauvre ibis rose se retira dans un coin. Et il se tenait tout raide sur une patte, rêvant de son pays, du Nil, des pyramides et des minarets.

JOUETS

Un petit garçon de la ville, Robert, avait des jouets à mécanique, très chers, qu'il fallait toujours remonter, qui se cassaient très souvent et qui ne l'amusaient pas du tout.

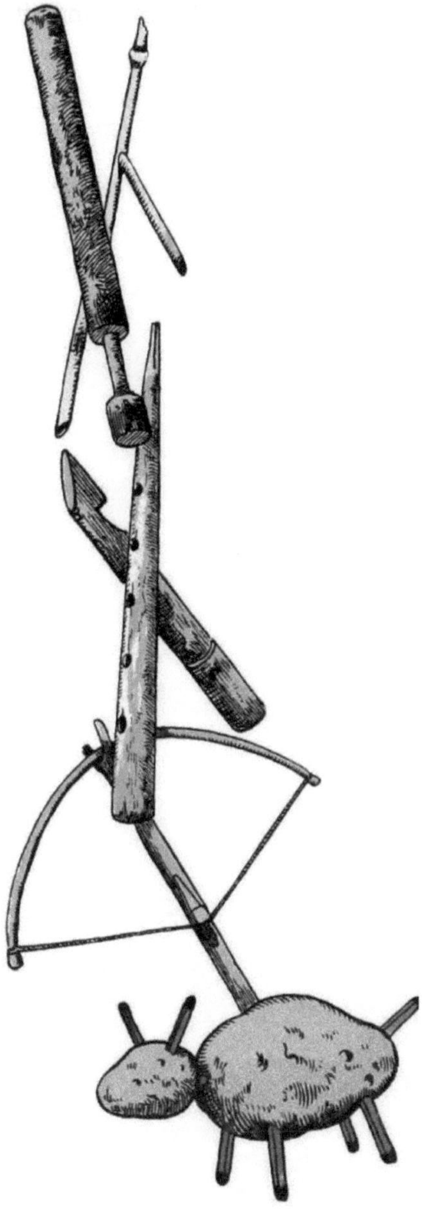

Un jour, il rencontra un petit garçon de la campagne, Mathieu, à qui ses parents ne donnaient pas de jouets, mais qui fabriquait lui-même des sifflets, des canons ou des pompes avec du sureau, des noyaux d'abricots et des pailles.

«Oh! que c'est joli et amusant! dit Robert. Apprends-moi comment tu fais.»

Mathieu le lui apprit. Robert vendit à une vieille marchande de bric-à-brac ses jouets mécaniques devenus inutiles, et, avec les sous qu'il en retira, il acheta des gâteaux, que les deux enfants mangèrent de grand appétit.

KANGOUROU

Du temps où les kangourous vivaient dans le paradis terrestre, leurs pattes de devant étaient aussi longues que celles de derrière.

Mais, à cause de cette longueur de leurs pattes, les kangourous étaient devenus extrêmement voleurs. Ils n'avaient qu'à étendre le bras pour attraper les branches et cueillir les plus beaux fruits, qu'ils enfouissaient ensuite dans la grande poche qu'ils portent sur le ventre.

Ainsi ils dépouillaient les arbres du paradis.

Les autres bêtes, qui ne pouvaient pas en faire autant, se plaignirent au bon Dieu.

Le bon Dieu fit venir devant lui les kangourous et, pour qu'il leur fût plus difficile de voler les fruits, il leur raccourcit les pattes de devant.

Depuis ce temps-là, les kangourous ont ces moignons que vous voyez sur l'image, et la poche de leur ventre ne leur sert plus que pour y cacher leurs petits.

LOUP

Quand le loup eut mangé les six petits biquets, il se sentit le ventre si lourd, qu'il alla faire un somme derrière le puits.

Il avait oublié de manger le septième petit biquet, qui s'était caché sous le lit. Aussi, quand la mère chèvre revint du marché avec un panier au bras, ce fut ce petit biquet qui lui apprit que le loup avait mangé ses six petits frères.

«Ah! mes enfants! mes chers enfants!» chevrotait la chèvre en essuyant ses yeux avec un coin de son tablier.

Mais, retrouvant son courage, elle prit son dernier-né par la main et se mit à la recherche du loup. Elle ne fut pas longtemps à le trouver qui dormait sur ses deux oreilles derrière le puits et qui ronflait de toutes ses forces.

«Attends, brigand! dit la mère chèvre; tu vas voir!»

Et, tirant de son panier un couteau de cuisine, d'un seul coup elle fend le ventre du loup dans toute sa longueur, et les six petits biquets sautent au cou de leur mère. Car le loup les avait avalés si goulûment, qu'il n'avait pas pris le temps de les mâcher et qu'ils étaient encore en vie.

La chèvre et les biquets rirent et pleurèrent ensemble un instant; puis la mère dit:

«Ce n'est pas tout! Allez vite me chercher six grosses pierres. Je vais les mettre à votre place dans le ventre du loup, et je lui recoudrai la peau. Comme cela, il ne s'apercevra de rien à son réveil.»

Quand tout fut terminé, la mère et les enfants allèrent se cacher, pour voir ce que ferait le loup.

Au bout d'un moment, il se réveilla, se frotta les paupières, puis se tâta le ventre.

«Comme il est dur! grogna-t-il. Sans doute je n'ai pas bien digéré. Ah! je sais, j'ai oublié de boire.»

Et, se levant, il alla vers le puits. Dans son ventre, les six pierres faisaient un bruit étrange.

«Je ne sais vraiment pas ce qui cogne comme cela dans mon ventre!» dit le loup.

Et il se pencha pour boire.

Mais ce mouvement précipita les pierres l'une sur l'autre dans l'estomac du loup, leur poids l'entraîna en avant, et le vieux brigand tomba la tête en bas dans le fond du puits.

Alors la chèvre et ses sept petits dansèrent autour du puits une ronde joyeuse.

MOINEAU

Dans un champ de millet, les moineaux venaient picorer les épis. Le chat du meunier les guettait depuis longtemps, sans réussir à les attraper; car, aussitôt qu'il s'approchait, les oiseaux s'envolaient.

«Je vous prendrai quand même, petits nigauds,» dit le chat en méditant une ruse.

Il alla tremper une de ses pattes de devant dans le ruisseau, puis il courut au moulin la plonger dans un tas de millet en grain, de façon que les grains restèrent collés autour de sa patte mouillée.

«Ainsi, se dit-il, ma patte ressemblera à un gros épi de millet, et les oiseaux s'y laisseront prendre.»

A cloche-pied, il gagne le champ de millet, s'y couche sur le dos et lève la patte en l'air.

Les oiseaux la prirent pour un épi et se mirent à en picorer les grains. Alors vite, avec l'autre patte, le chat les attrapa.

Bientôt les moineaux s'aperçurent du piège, et ils cherchèrent un autre champ. Mais l'un d'eux, qui avait failli être mangé, en garda une telle frayeur, qu'il prit désormais chaque épi pour une patte de chat, et jura de ne plus manger que des fruits pendus aux branches des arbres.

NEIGE

Quatre petites filles regardaient par la fenêtre la neige tomber. Elles étaient nées en Orient, où il ne fait jamais très froid, et c'était la première fois qu'elles voyaient de la neige.

«Qu'est-ce que cela peut bien être? dit Léila, la plus petite.

—Je sais, répondit Cora. On fait le ménage au ciel, et c'est la Sainte Vierge qui bat son lit de plumes.

—Pas du tout, déclara Myriam; ce ne sont pas des plumes, mais des petits bouts de papier, et ce sont les anges qui vident les corbeilles où le petit Jésus a jeté les lettres que les enfants lui écrivent à Noël. Oui, oui, j'en suis sûre, je reconnais mon papier.

—Moi, dit Séphora la gourmande, je crois que c'est du sucre. Si seulement on pouvait goûter!»

Mais Daniel, leur grand frère, qui avait tout entendu, se mit à rire:

«Ni sucre, ni lettres déchirées, ni plumes! C'est de la neige, de la neige comme il y en a tous les ans en Europe, de la neige avec laquelle on fait des boules de neige et un bonhomme de neige. Nous en ferons un demain, si vous êtes sages.

—Quel dommage que ce ne soit pas du sucre!» soupira Séphora en passant sa langue sur la vitre.

OREILLE

Quand Noé eut rassemblé les animaux devant l'arche, il se dit:

«Toutes ces bêtes vont sûrement se disputer et se mordre les oreilles. Il serait donc prudent de leur enlever les oreilles avant leur entrée dans l'arche. On les leur rendra à la sortie.»

Il fit installer un vestiaire et donna l'ordre à ses fils d'y ranger les oreilles, à mesure que les bêtes se présenteraient.

Le premier fut le chameau; puis vint le cheval, puis la vache, puis le chien, le mouton, le cochon, le chat, l'éléphant, le lapin, et enfin l'âne. Et tous, comme Noé l'avait commandé, ôtèrent leurs oreilles, et tous reçurent en échange un numéro de vestiaire, attaché à un cordon qu'ils passèrent autour de leur cou.

Grâce à ces précautions, la paix régna dans l'arche pendant les quarante jours que dura le déluge.

Le quarante et unième jour, Noé dit aux animaux:

«Voilà le beau temps revenu. Je vais vous rendre vos oreilles, et vous pourrez retourner chez vous.»

Alors, l'une après l'autre, toutes les bêtes passèrent au vestiaire, et elles reçurent leurs oreilles en échange du numéro.

Le chameau arriva l'avant-dernier. Il ne restait plus que deux paires d'oreilles: les siennes, très grandes, et celles de l'âne, toutes petites.

Mais avant que le bon chameau pût montrer son numéro, l'âne lui passa entre les jambes et se mit à brailler:

«Monsieur Noé! monsieur Noé! donnez-moi mes oreilles. C'est cette grande paire-là. Je suis très pressé!»

Le père Noé était si fatigué, qu'il ne fit pas attention au faux numéro que lui remit l'âne sournois.

«Tu me casses la tête! Tiens, voilà ton bien, décampe!»

Et Noé donna les superbes oreilles du chameau à l'âne, qui s'enfuit en pétaradant de joie.

Quand le chameau ouvrit enfin ses babines pour réclamer son dû, il n'y avait plus dans le vestiaire que les oreilles de l'âne, dont il dut se contenter.

Et voilà pourquoi le chameau, qui est une bête de grande taille, a des oreilles si courtes, tandis que l'âne, qui est beaucoup plus petit, en a de si longues.

POIS

Il y avait une fois un prince qui voulait se marier.

Il voulait épouser une princesse, mais aucune de celles qu'on lui présenta ne lui parut assez princesse.

Or, un jour d'orage, on sonna à la grille du château.

Le roi alla ouvrir lui-même, et il trouva devant la grille une jeune fille dont les vêtements étaient trempés, les cheveux défaits et les souliers couverts de boue.

Elle avait presque l'air d'une mendiante. Mais, quand le roi lui demanda qui elle était, elle répondit qu'elle était une princesse.

Le roi la fit entrer au château.

«Nous allons bien voir si c'est une princesse,» pensa la reine.

Elle ordonna aux servantes de préparer un lit pour la jeune fille, mais de mettre un pois sous les vingt matelas qui composaient ce lit.

Le lendemain, la reine demanda à la jeune fille comment elle avait dormi.

«Très mal, répondit-elle. Il y avait je ne sais quoi de dur et de rond dans mon lit; j'en ai des bleus sur tout le corps.

—Quel bonheur! pensa le prince, qui avait écouté derrière la porte. Pour avoir la peau si fine, il faut bien que ce soit une véritable princesse.»

Et tout de suite il lui demanda sa main.

QUEUE

Une famille de rats habitait dans une cave remplie de marchandises.

Les rats s'y trouvaient fort bien, car il y avait beaucoup de choses bonnes à manger, surtout du savon et de la chandelle.

Il y avait aussi des tonneaux et des barils. On ne savait pas ce qu'ils contenaient. Mais un jour la mère Rat découvrit un tonneau dont la bonde était partie. Elle flaira, puis elle plongea sa queue dans le trou et la retira pour goûter.

«Quelle chance! s'écria-t-elle, c'est du sirop de groseille. Vite, mes petits, venez vous régaler!»

Mais les ratons glissaient sur le ventre du tonneau et ne pouvaient arriver au sommet. Restés en bas, ils pleuraient de dépit et de gourmandise.

Alors la mère Rat eut une idée. Elle alla de nouveau plonger sa queue dans le trou; puis, quand sa queue fut bien imbibée de sirop, elle courut au bord du tonneau et, se retournant, elle la laissa pendre.

Les ratons, en se haussant sur les pattes de derrière, purent l'atteindre, et chacun à son tour lécha le bout de la queue, comme si c'était un sucre d'orge.

Vingt fois, cent fois, la mère Rat alla de la bonde au bord du tonneau. En quelques jours il fut à moitié vide, et la queue de la mère Rat n'était plus assez longue pour tremper dans ce qui restait de sirop.

Mais un peu plus loin il y avait un autre baril qui était à moitié défoncé.

«Ce sera encore plus commode,» se dit la mère Rat.

Et, sans prendre la précaution de flairer, elle plongea sa queue au fond du tonneau.

Mais, quand elle voulut la retirer, elle poussa un cri de douleur. Sa queue ne venait pas, sa queue était collée, sa queue s'était enfoncée dans un tonneau de glu.

ROSSIGNOL

L'empereur de Chine avait dans son jardin un rossignol qui s'appelait Bulbul et qui était son ami.

Bulbul venait manger dans sa main, et, la nuit, quand l'empereur ne pouvait pas dormir, Bulbul chantait si bien, que l'empereur oubliait tous les soucis de son métier.

Mais un jour son ministre lui dit:

«Je connais un rossignol qui chante aussi le jour et qui a un bien beau plumage.»

Et il apporta à l'empereur un oiseau peint de brillantes couleurs et que l'on remontait avec une clef pour le faire chanter.

Et l'empereur trouva le nouveau rossignol si joli, et il écoutait si souvent sa chanson, qu'il oublia son Bulbul. Et Bulbul serait mort de faim si la petite fille de la cuisinière ne l'avait adopté.

Mais, à force de remonter le rossignol mécanique, la clef cassa, et l'oiseau cessa de chanter.

Personne ne put le raccommoder, et l'empereur devint si triste, qu'il tomba gravement malade.

Mais, une nuit qu'il était près de mourir, il entendit soudain à côté de son lit une voix si mélodieuse, qu'il se sentit revenir à la vie.

C'était Bulbul qui chantait. Et Bulbul chanta jusqu'à ce que l'empereur fût complètement guéri.

«Oh! Bulbul, dit l'empereur, ton plumage est moins joli, et tu ne chantes pas tout le temps comme l'autre; mais tu es un ami, et tu viens quand on a besoin de toi.»

Et l'empereur reconnaissant commanda pour Bulbul une cage d'or et une petite couronne de diamants.

SAPIN

Il y avait un petit sapin qui rêvait d'être mât de navire afin de voyager et de voir le monde.

Quand il fut grand, on l'abattit, on le dépouilla de son écorce, et il devint, selon son vœu, grand mât sur une frégate.

Mais il s'ennuyait à cause de la longueur et de la monotonie des traversées.

«Ah! disait-il, comme il faisait bon dans ma forêt natale! J'avais de la mousse à mes pieds et quelquefois des nids dans mes branches; et les petits enfants ramassaient mes aiguilles, et souvent ils dansaient des rondes en chantant autour de mon tronc. Et maintenant je suis tout sec, tout nu et tout seul. Ah! si j'avais su! Si seulement j'avais pu être mât de cocagne!»

Et il soupira si fort, que tous les cordages en craquèrent.

Mais à ce moment un vol d'hirondelles passa au-dessus de la mer.

Elles venaient des pays du Nord et s'en allaient en Égypte.

Elles descendirent sur le navire et se posèrent sur le mât, qu'elles couvrirent presque entièrement de leurs ailes. Le mât entendit même leurs petits cœurs battre, et leurs plumes qui le frôlaient faisaient comme un bruissement de feuilles.

Il écoutait ce qu'elles disaient entre elles. Elles parlaient justement de son pays, d'où elles venaient. Et le pauvre sapin se sentit si heureux, qu'il s'endormit en se figurant qu'on l'avait ramené dans sa forêt.

TORTUE

Jean, Pierre et Paul étaient allés aux courses avec leurs parents. Ils avaient vu courir des chevaux, et cela les avait beaucoup amusés.

Rentrés à la maison, Jean dit à ses frères:

«Si nous faisions courir, nous aussi?

—Mais nous n'avons pas de chevaux, répondit Pierre.

—Qu'est-ce que cela fait? Nous avons chacun une tortue, et des tortues peuvent tout aussi bien courir que des chevaux; plus lentement, voilà tout.»

Chaque enfant alla donc chercher sa tortue. Puis ils choisirent trois beaux escargots, qui seraient les jockeys.

Jean apporta sa boîte à couleurs, et il peignit à chaque escargot une casaque différente, une jaune, une rouge, une verte.

Il voulut aussi leur fabriquer des casquettes. Mais les escargots dirent: «Non, merci,» et rentrèrent leurs cornes.

Les trois enfants préparèrent une piste dans le jardin, avec des poteaux au bout, et une tribune avec des roses et des œillets, qui figuraient les dames élégantes.

Puis ils alignèrent leurs trois tortues montées par les trois escargots, et Jean donna le signal du départ.

Mais, hélas! aucune des trois tortues ne bougea.

Alors Pierre courut chercher son tambour, et Paul chatouilla la queue des tortues avec des brindilles.

Les tortues se décidèrent enfin à partir. Mais, au lieu d'aller droit devant elles, elles allaient à droite ou à gauche, et la tortue de Paul revint même en arrière.

Alors Jean eut une idée:

«Si nous mettions des salades au lieu de poteaux!»

Et vite, au bout de la piste, les enfants plantèrent trois belles salades.

Quand les tortues virent cette appétissante verdure, elles se mirent en marche toutes seules, et celle de Jean avança si rapidement que son jockey, je veux dire son escargot, roula à terre.

Elle arriva la première au but; et, pour sa récompense, on lui donna à manger les poteaux, je veux dire les salades, et même les roses et les œillets de la tribune, qui figuraient les dames élégantes.

UNIVERS

C'est un bien grand mot et une bien grande chose aussi; car cela veut dire le monde entier.

Mais cela peut signifier aussi l'endroit où l'on vit, où l'on a ses habitudes et où l'on est heureux.

Ainsi, la salle à manger est l'univers de la mouche.

L'étang est l'univers du poisson.

La prairie est l'univers de la vache.

La forêt est l'univers du lapin.

Le village ou la ville est votre univers à vous, mes enfants; et, quand vous serez grands, ce sera la France entière, avec ses mers, ses îles, ses colonies, et tout ce que vous saurez voir, et tout ce que vous saurez comprendre.

VIOLETTES

Vous savez, mes enfants, que les violettes sont l'emblème de la modestie. Car elles poussent dans les bois obscurs, à l'ombre d'autres plantes; et même elles cachent leur visage délicat derrière leurs grandes feuilles vertes, comme font les jeunes filles timides derrière leur éventail.

Or, un jour, un poète se promena dans une forêt où il y avait beaucoup de violettes qui embaumaient l'air délicieusement.

Grisé par ce parfum, il fit des vers en l'honneur de l'humble fleur des bois, et il les récita tout haut.

A ses pieds, une violette l'entendit. Elle crut qu'il ne parlait que pour elle, et de se savoir ainsi chantée par un poète, cela lui fit oublier toute modestie.

Elle allongea son cou derrière ses feuilles, tourna vaniteusement sa tête à gauche et à droite, et se mira avec complaisance dans une grosse goutte de rosée qui était restée pendue à un brin d'herbe.

«Ah! disait-elle, que je suis jolie et que je sens bon! Je dois être plus jolie que les autres fleurs, et mon parfum doit être plus agréable que tous les autres parfums de la forêt, puisque c'est sur moi seule que le poète a fait des vers.»

Mais à ce moment passa la vieille fée des bois qui est la surveillante des fleurs.

Avec sa baguette, elle donna une tape sur la joue de la violette.

«Petite impudente! dit-elle, rentrez sous votre feuille, et pour vous punir de votre vanité, je vous enlève votre parfum.»

Violette fut désolée. Elle pleura tant, qu'une jeune fée, qui venait en promenade de ce côté, eut pitié d'elle.

«Pauvre petite, dit-elle, je ne peux plus te rendre ton parfum; mais, puisque tu as tant de chagrin, je fais de tes larmes des pétales plus clairs, des pétales mauves; et du moins, si tu n'es pas odorante, tu seras plus jolie.»

Et, ayant dit, la fée changea la violette des bois en une violette de Parme.

Et voilà pourquoi les violettes de Parme n'ont pas de parfum.

XAVIER

Le petit Xavier dit à ses petits camarades, Maurice et Jean:

«Jouons! Je serai le cocher, Maurice sera le cheval, et Jean sera le chien qui aboie après la voiture.»

Maurice fit très bien le cheval. Il hennissait, levait les pieds très haut et paraissait s'amuser beaucoup.

Alors Xavier dit:

«Je voudrais être le cheval.

—Comme tu voudras,» dit le petit Maurice.

Le petit Jean, qui faisait toujours le chien, aboyait de toutes ses forces, courait à droite et à gauche, et semblait très content.

Alors Xavier dit:

«Je voudrais être le chien.»

Mais sa mère, qui regardait jouer les trois enfants, dit à Xavier:

«Je crois bien que tu voudrais être à la fois le cocher, le cheval et le chien.

—Oh ! oui, dit Xavier.

—Mais on ne peut pas être tout. Il faut choisir.

—C'est bien ennuyeux.»

YVONNE

Yvonne était une petite fille qui ne pouvait pas se tenir tranquille à table. Elle gigotait, elle se penchait à droite, à gauche, en avant, en arrière; elle descendait de sa chaise pour jouer avec le chien Médor, ou elle prenait la chatte Minouche sur ses genoux.

Sa mère la grondait, son père la punissait, mais Yvonne ne se corrigeait pas.

Un jour, c'était un dimanche, il y avait un très bon déjeuner, une crème au chocolat et beaucoup de gâteaux.

Yvonne avait promis d'être sage, parce qu'elle ne voulait pas être privée de dessert.

Au commencement, tout alla bien. Mais peu à peu la petite fille fut reprise par sa mauvaise habitude: elle se balança sur sa chaise, en avant et en arrière, tandis que le chien Médor et la chatte Minouche la regardaient avec un air de dire:

«Prends garde! prends garde! Nous connaissons quelqu'un qui va tomber.»

Et en effet, tout à coup, elle perdit l'équilibre. Elle voulut se retenir à la table; elle se cramponna à la nappe, et patatras! Tout se renversa sur elle et sur sa chaise, tout, les plats, les bouteilles, les verres, les fourchettes et la crème. Elle eut mal aux bras et aux jambes, et on dut l'emporter dans son lit.

Médor et Minouche se lamentèrent d'abord, puis ils se consolèrent en mangeant sous la table la crème et les gâteaux.

ZÉRO

Dans la vie, quand on n'est bon à rien, les autres vous appellent un «zéro».

Appliquez-vous donc à bien apprendre votre alphabet et à lire ces contes, et je vous jure qu'on ne dira jamais de vous:

«La petite Marie? Le petit Jean? Oh! c'est un zéro.»

Printed by Libri Plureos GmbH in Hamburg,
Germany

9 789358 009842